Lebensziele in Ihrem Geburtsdatum

Band 2

Hans Deubert

Lebensziele in Ihrem Geburtsdatum

abgeleitet aus den Chakren 1-10

Band 2

ch. falk-verlag

Band 1 erschien 2007 unter dem Titel:
Lebensziele in Ihrem Geburtsdatum
ISBN 978-3-89568-173-8

Originalausgabe

Umschlaggestaltung: Deubert, Falk, Gräßle

Satz: P S Design, Lindenfels
Druck: Druckerei Sonnenschein, Hersbruck
Printed in Germany

ISBN 978-3-89568-189-9

Inhalt

Vorwort

In diesem 2.Band der *Lebensziele* erweitern sich die Erklärungen um das Menschwerden und das Leben auf der Erde.

Hier werden wieder Abläufe und Gesetzmäßigkeiten vom Kind bis zum Erwachsenen dargestellt – doch diesmal mehr unter dem Gesichtspunkt der Selbstbestimmung.

In mehreren kurzen Kapiteln kann sich der Leser anregen lassen, seine eigene Welt zu vergleichen und zu analysieren.

Beide Bände, 1 und 2, sind jeder in sich abgeschlossen.

Dieser 2.Band öffnet sich jedoch stärker den Spielregeln zu einer Inkarnation auf der Erde; erklärt die Lebensziele, verbunden mit dem Sinn der Selbsterkenntnis und bietet Versöhnung innerhalb der komplexen Abläufe an.

Dann ist das Wunder geschehen

Wieder hat ein kleines Wesen seinen ersten Atemzug getan und ist damit in der Welt der Polarität angekommen.

Allerdings empfinden die neugeborenen Kinder (in aller Regel) nur einen kleinen Teil der polaren Spannung auf der Erde. Sie sind noch sehr stark (aber nicht immer) mit ihrem Höheren Selbst verbunden und deshalb viel mehr in ihrer Einheit – dort nämlich, wo wir Erwachsenen immer wieder versuchen hinzukommen.

Natürlich beginnt sich mit der Geburt ein neuer Lebensplan zu entfalten. Eine in diesen Facetten noch nie da gewesene Energieform verankert sich auf unserer Ebene.

Aber die Dimension eines solchen Ereignisses überschreitet dann doch unsere normalen Vorstellungen. Der kleine Mensch ist durch seine Geburt mit allem verbunden, was im Kosmos ist.

Er ist ein neuer Ausdruck seines eigenen Seins und gleichzeitig eine weitere Erscheinungsform unseres großen Schöpfers.

Damit ist der neue Erdenbürger natürlich auch an bestimmte Strömungen und Gesetze angeschlossen oder zum Teil davon abhängig.

Von der (eigenen) Seele werden diese Gesetze bewusst genutzt und eingesetzt und ein ganz persönlicher Lebensweg vorgesehen. Das Wesen ist beim Gestalten eines neuen Weges auf der Erde seinen inneren Bedürfnissen ausgesetzt, aber weitgehend frei in der Wahl der Mittel.

Das viel erwähnte *Karma* entsteht aus der persönlichen Bedürftigkeit der Psyche: „Ich will das unbedingt noch erlösen!“

Nun kommt ja jeder Mensch an einem ganz bestimmten Tag hier an. Diese Manifestation, hinein in die Gesetze eines solchen Tages, wird sich verwenden lassen zu einer lebenslangen Lernkette.

Die einzelnen Stationen eines solchen Weges beinhalten vor allem Formen der Bewusstwerdung über sich selber. Ob als Kind oder als Erwachsener, wir stehen immer im Mittelpunkt unseres Lebens.

Auch dann, wenn wir scheinbar abseits leben, wenn wir isoliert, ausgeklammert oder verlassen sind, bleiben wir der Mittelpunkt unserer Wahrnehmungen.

Die große Frage an uns selber heißt ***nicht***: Wie leichtfüßig könnte ich durch das Leben gehen? Sondern der Weg wird bestimmt durch eine spezielle Tiefe in der gewünschten Lern-Erfahrung.

Das jeweilige Ego stellt dann oft die Frage: „Warum muss ich das alles erleben? Warum immer ich?"

Es sind also ganz natürliche Fragen, welche sich unsere Persönlichkeit (mit dem Ego) stellt. Die dazu passende Antwort hat einen erschreckenden und am Anfang schwer zu verdauenden Inhalt: „Weil ich, die Seele, vor der Inkarnation diese Form oder Tiefe der Erfahrungen geplant habe und erleben wollte."

Das Leben auf der Erde birgt die ständige Gefahr einer Irritation. Einmal weil wir hier unten nur begrenzt mehrdimensional fühlen und denken können. Zum andern haben wir uns ganz bestimmte Bewusstseinsteile verdunkelt – um diese mit großem Fleiß wieder zu entdecken. Hier wollen wir also viel Erfahrung sammeln.

Später, im Alter, werden wir dann zu einem Thema, einem Programm oder einem Muster viel Bewusstheit gesammelt haben.

In einer nächsten Inkarnation würden wir mit einem neuen, völlig anderen oder einem ergänzenden Lernprogramm auf der Erde ankommen. Wir könnten dann wieder die Gesetze des Planeten für eine weitere Bewusstwerdung nutzen, wenn auch an anderen Stellen unserer Psyche.

Aber zuerst einmal befinden wir uns hier unten, in der aktiven Transformation, welche zurzeit die „Apokalypse“ in Bewegung setzt.

Wir erleben große Turbulenzen, die an jeder nur denkbaren Stelle Veränderungen auslösen. Was der Schwingung der neuen Zeitqualität nicht entspricht, wird in Bewegung gebracht, durcheinander gewirbelt, aufgelöst oder neu geordnet. Dabei weist uns die geistige Welt immer wieder darauf hin: „Angst zu haben ist nicht mehr notwendig.“ Wobei vor allem gemeint ist, dass sich unsere Not nicht wendet, wenn wir dauernd Angst haben.

Wir Menschen stecken also mitten in diesem Geschehen, welches mit hohem Tempo Stück für Stück alte Programme und überholte Dogmen umwandelt und eine neue Ethik in die Welt stellt.

Das ist auch ein Anliegen dieses Buches: alte, vielleicht überholte Betrachtungen über die eigene Entwicklung erkennen zu lassen und Begeisterung für ein neues Verständnis zu entwickeln; zuerst für sich selber, aber dann auch für alles andere, was ist.

Über die Chakren

Wir kennen die Chakren Nr. 1 bis 7. Sie nehmen kosmische Energie auf und nähren den Menschen mit den entsprechenden Energien.
Alle Chakren geben auch wieder Energie an das Umfeld ab.

Ein Chakra hat 72 Stufen. In jeder Stufe befinden sich „viele" Bewusstseinsteile. Natürlich kann nicht jedes Chakra von vorneherein komplett offen und bewusst sein. Sonst wären wir bald nach oben abberufen – nach der kosmischen Regel: Alles ist erfüllt, ein Verweilen auf der Erde ist nicht mehr ökonomisch.

Die Chakren 8, 9 und 10 liegen in der Aura über dem Schwingungsbereich vom 7. Chakra. Sie sind also noch feinstofflicher. Es gibt darüber hinaus noch mehr Chakren hinauf in die Feinstofflichkeit. Wir arbeiten hier im Buch bis zum 10.

Anordnung der Chakren 1 – 10

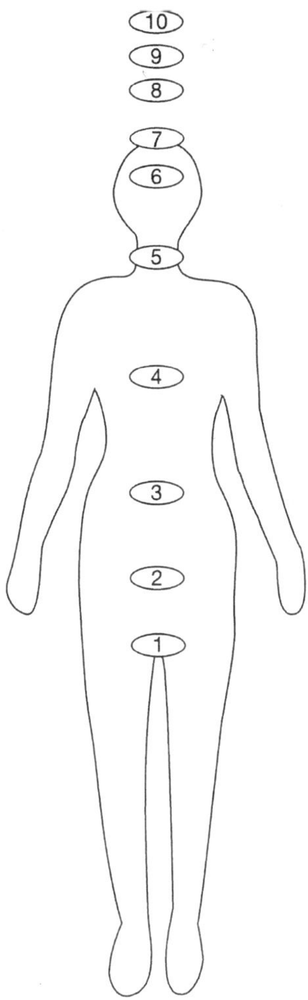

Werden die Zahlen aus dem Geburtsdatum direkt in die Chakren übertragen, zeigt uns das an, welche Chakren in diesem Leben mit Erfahrung und Bewusstheit gefüllt werden sollen.

Wir benötigen jedoch zur Beschleunigung der Lernabläufe noch Ego und Schatten. Letztere sind ebenfalls, aber indirekt in den Geburtszahlen enthalten.

Damit können wir einen Lebensweg unter drei Energieformen betrachten:

1. Die Zahlenenergie wird mit dem Ego gelebt.
2. Diese Zahlenenergie will sich komplett entfalten.
3. Die Zahlenenergie wird als Schatten erfahren.

Ein umfangreiches Entfaltungsprogramm der Persönlichkeit wird sichtbar.

Natürlich darf an dieser Stelle die Frage gestellt werden: Wieso sollte das Geburtsdatum in die Chakren übertragbar sein und dort zu sinnvollen Aussagen führen?

Genau diese Frage wurde mir in einem Gespräch mit der geistigen Welt so beantwortet: „Alles Wesentliche ist im Kosmos einfach geregelt, so auch dieses."

Wir Menschen haben unser Kalendersystem eingeführt und leben danach. Dadurch ist es wirksam.

Da jeder Mensch eine Ausdrucksform unseres Schöpfers ist und der Tag der Geburt im großen kosmischen Ganzen eingebettet ist, entsteht dadurch auch eine spezielle Wirkung.

Die Chakren im Einzelnen

Ein besonderer Hinweis zu den hier im Buch aufgeführten Chakrenfarben.

In zunehmendem Maße können Menschen die Farben der Chakren wahrnehmen. Dabei ist es abhängig von der Entfaltungsstufe eines Chakras und der Entwicklungsstufe des Betrachters, welche Farbnuancen wahrgenommen werden können.

Es gibt unterschiedliche Farben der Chakren beim Aufnehmen von Energie und andere Farben beim Abstrahlen einer Energie.

Die im Buch aufgeführten Farben der Chakren 1 – 7 entstammen einer schon lange getroffenen Absprache in der geistigen Welt: zur Vereinfachung im Umgang mit den unterschiedlichen Wahrnehmungen wurden die Farben so festgelegt wie hier im Buch dargelegt.

Der Hellsichtige nimmt unter Umständen andere Farben wahr!

Die Chakren 8, 9, 10 in der Aura sind mit den im Buch genannten Farben übereinstimmend, wobei keine Unterscheidung zwischen Ein- und Austrittsfarbe gemacht werden muss.

1. Wurzelchakra

Sitz der Kundalini – männliche Energie – (Farbe rot)

Hauptthema: *Ich bewirke, ich lebe den inneren Mann.*

Ego: *Ich impulse mich ununterbrochen nach vorne aus dem Jetzt. Ich bestimme, wie der Spiegel im anderen gefärbt sein soll.*

Schatten: *Ich wirke aus dem Hintergrund oder aus dem Untergrund – subtiler Terrainanspruch. Ich verweigere den inneren Mann. Ich will mich als Urheber nicht erkennen lassen.*

2. Sexualchakra

weibliche Energie – (Farbe orange)

Hauptthema: *Ich gehe allem annehmend entgegen. Ich nehme meine Impulse an, ich lebe die innere Frau.*

Ego: *Ich mache alles für jeden. Ich gebe mich doch hin. Ich habe doch gute Kontakte überall hin.*

Schatten: *Ich verschließe meine Gefühle. Ich darf keine Gefühle zeigen. Am Ende habe ich doch gewonnen durch Verweigerung. Ich verweigere die innere Frau.*

3. Sonnengeflecht

Ich bin ich – (Farbe gelb)

Hauptthema: *Ich bin ich. Ich lebe mich. Ich will so handeln.*

Ego: *Das steht mir alles zu. Ich verschaffe mir vordergründig Anerkennung.*

Schatten: *Ich kann nicht zu mir selbst finden. Ich tue alles, um respektiert zu werden.*

4. Herzchakra

Innerliche Herzensliebe – (Farbe maigrün)

Hauptthema: *Ich liebe alles, was ich schaffe und geschaffen habe: das Positive, das Negative und die Dynamik meines Lebens.*

Ego: *Ich arbeite viel. Flucht vor Gefühlen und den damit verbundenen Wahrheiten.*

Schatten: *Ich liebe mich nicht, denn zuviel Unbehagen habe ich erzeugt (evtl. in anderen Leben). Mein Leben läuft so traurig. Ich bin immer das Opfer. Ich verdränge (mit der Arbeit) meine Bedürfnisse (Sexualität, streicheln).*

5. Halschakra

Liebe für alles, was ist – Ich in allem – (Farbe hellblau)

Hauptthema: *Ich bin verbunden mit allem im Kosmos und deshalb ohne Angst. Ich achte dein Anderssein.*

Ego: *Ich bin frei, niemandem Rechenschaft schuldig (grenzüberschreitend). Ich werde jedem helfen und mich in Freiheit jedem anbieten.*

Schatten: Ich lebe die Verantwortung für mich zu wenig. Ich habe viele Ängste. Ich versuche mich durch andere zu stützen.

6. Drittes Auge

Macht und Überblick – mentale Klarheit – (Farbe indigo)

Hauptthema: *Ich habe den Überblick über mein Leben und kann Richtiges bewirken.*

Ego: *Ich sehe deine Fehler. Ich werde dich zu meinen Gunsten manipulieren. Du musst es bringen. Mein (Ego) –Wille ist das Gesetz.*

Schatten: *Mir sind die Hände gebunden. Ich kann nichts tun. Ich suche dringend Nestwärme. Du musst sie mir geben.*

7. Scheitelchakra

Die Öffnung für das Aufnehmen der Gnadengaben
(Farbe violett)

Hauptthema: *Ich freue mich als Ausdruck Gottes.*

Ego: *Ich bin komplett in Ordnung. Ich stehe dauernd im (spirituellen) Licht. Ich bin doch angebunden nach oben. Ich will nur das Gute leben (Träume statt Realität).*

Schatten: *Ich habe fast keine Schatten. Ich kann nur noch dulden, was für mich gut ist. Tiefe Verunsicherung. Kritische materielle Absicherung.*

8. Christusliebe

Transformationsenergie zwischen Himmel und Erde –
(Farbe Magenta)

Hauptthema: *Ich bin auf allen Ebenen zu Hause, oben und unten.*

Ego: *Ich werde alles tun, damit ich der Bessere bin.*

Schatten: *Ich bin zu starr und unbeweglich.*

9. Alles ist erfüllt

(Farbe gold)

Hauptthema: *Alles ist erfüllt und bewusst vorhanden.*

Ego: *Ich bin (überall) immer wieder souveräner als die andern. Ich kann nicht verstehen, warum die andern so naiv sind.*

Schatten: *Ich habe vergessen, dass ich die „9“ zuerst Schritt für Schritt füllen muss, und bin ungeduldig und überheblich.*

10. Neubeginn

auf der Erde oder auf einer anderen Ebene (Farbe Kristall)

Hauptthema: *Alles ist durchlaufen. Was werde ich nun Neues anfangen?*

Ego: *Egal wie, weg mit dem, was nicht passt. Ich stürme in den Neuanfang – auf der Flucht vor dem Jetzt.*

Schatten: *Ich kann nicht erkennen, wieso ich den Neubeginn immer zwanghaft vorbereite.*

Entwicklungshelfer Ego und Schatten

Wenn wir auf den nächsten Seiten einsteigen in die Welt von Ego und Schatten, bitte ich Sie, verehrte Leser, sich immer wieder einmal an die großartigen Möglichkeiten Ihrer eigenen Chakren zu erinnern.

Diese wunderbaren Eigenschaften entsprechen dem göttlichen Sein in uns.

Wenn Sie also ein Geburtsdatum z. B.: *16. 4. 75* haben, können Sie in der Chakren-Liste und dem jeweiligen Hauptthema nachlesen, welche Fülle an Möglichkeiten Sie für dieses Leben geplant haben.

Immerhin sollen bei unserem Beispiel die Chakren Nr. 1 + 6 + 4 + 7 + 5 mit Erfahrung gefüllt werden.

Natürlich werden Sie im Laufe ihres Lebens ganz automatisch versuchen, die Inhalte zu diesen Hauptthemen vermehrt anzuwenden. Dies geschieht vielleicht auch dadurch, dass Sie ein Chakra-Prinzip noch ablehnen. Auch durch Ablehnen eines Prinzips wird dieses wichtig.

Nehmen wir aus unserem Beispiel 4. Chakra.

Das Hauptthema heißt: *Ich liebe alles, was ich schaffe und geschaffen habe: das Positive, das Negative und die Dynamik meines Lebens.*

Möglicherweise können Sie heute dieses Hauptthema 4, die Eigenliebe, noch nicht annehmen. Dies (später) zu können, ist aber eines Ihrer wichtigen Lebensziele.

Wo Sie sich vielleicht heute noch ablehnen, sind Sie in einiger Zeit bereits ein strahlender Meister der Selbstannahme. So können Sie für jedes Hauptthema in Ihrem Geburtsdatum heute schon eine positive Erwartung entwickeln.

Zurück zu den Entwicklungshelfern Ego und Schatten. Jeder der beiden gleicht auf seine Weise einem Entwicklungsmotor.

Das Ego steht der „Person" des Menschen sehr nahe. Es schützt oder unterstützt uns im Alltag „gemäß dem Auftrag", den es von uns erhalten hat.

Das Ego entsteht in der frühen Kindheit. Es dient dort vor allem als Schutz vor Unbehagen, Leid oder Spannungen, welche in der Familie auf ganz natürliche Weise entstehen. Das Kind ist (meistens) noch sehr stark mit seinem Höheren Selbst verbunden. Dadurch hat es eine hohe Sensibilität für Wahrheit. Dies steht wieder in Resonanz zur großen Liebe, die das Kind (in aller Regel) noch empfindet.

Wenn Bewusstheit fehlt, kann der Mensch auch mehr dunkle Taten in die Welt setzen. Aus früherer Zeit betrachtet, gehörte der Schatten zum dunklen Prinzip, das man meiden musste. Aber die Ablehnung von Schatten hindert uns daran, in die Einheit zurück zu finden, denn in uns gehören Licht und Schatten zusammen.

Siehe Hauptthema im 8. Chakra: Christusliebe, Transformations-Energie zwischen Himmel und Erde.
Ich bin auf allen Ebenen zu Hause, oben und unten.

Heute versuchen viele Seelen, dunkle Kapitel aus der Vergangenheit zu schließen, was natürlich nur mit Liebe für die eigenen Strukturen geschehen kann.

In der Vorstufe dazu versucht das Ego, die dunklen Schattenseiten zu verschleiern. Vor allem wird das Ego hier das Mittel der Schuldzuweisung an Ereignisse und Mitspieler verwenden, um die eigene Welt zu entlasten.

Aber das Gesetz der Polarität wird durch das Verdrängen oder Zudecken unseres Schattens ganz automatisch in Bewegung gebracht.

Das große Ziel heißt: Liebe entwickeln. Dabei geht es zu allererst um die Liebe zu sich selbst. Damit ist nicht gemeint, dass ich meinem Ego den großen Freilauf geben soll, zu Lasten des Umfeldes.

Natürlich soll ich auch mein Ego lieben, aber hauptsächlich geht es um das Erlieben meiner Schatten.

Dieser Weg zu sich selbst ist wie ein innerer Zwang. Ablehnung des eigenen Schattens führt zu Sehnsucht nach Erlösung.

Zudecken meiner dunklen Strukturen durch das Ego erzeugt psychosomatische Spannungen. Wird über eine längere Zeit diese Pattsituation erhalten, werden Spiegel auf der Lebensbühne sichtbar.

Hier können wir, wenn wir den Mut dazu haben, die Schatten in unserem Umfeld und den Umständen unseres Lebens erkennen.

Aber immer wieder, und sehr geschickt, werden die Aufführungen von Partnern, Kindern, Eltern, Chefs, Kollegen, Unfällen, Krankheiten und Umständen vor dem eigenen Erkennen verschleiert.

Immer wieder kommen ähnliche Spiele auf den Lebensbühnen zur Aufführung. So lange bis eine innere Instanz bereit ist, einen Schattenanteil zu akzeptieren.

Wenn dann mein „ganz persönlicher Zeitpunkt“ gekommen ist, entfalte ich eine Bereitschaft, den Schatten erkennen zu wollen.

Der persönliche Zeitpunkt hierzu entsteht dann, wenn *mein* „Lerntopf“ durch die erlebten Ungleichgewichte = Lebenserfahrung, genügend gefüllt ist.

Nun bin ich bereit, den Schatten zu verstehen und Stück für Stück als einen ganz normalen Anteil meines Wesens anzunehmen.

Natürlich verlieren sich dann Teile der belastenden Aufführungen auf den Lebensbühnen. Aber auch die Einteilung meiner Erfahrung in gut und schlecht wird sich umbauen in: Jetzt hat vieles die gleiche Gültigkeit.

Errechnung von Ego und Schatten

Geburtsdatum **12. 4. 61** übertragen wir in die Maske:

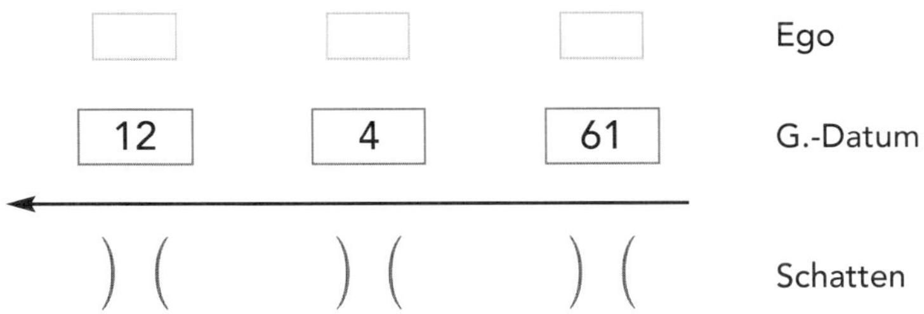

Grundregeln für die Übertragung aus dem Geburtsdatum in die Abteilungen *Ego* und *Schatten*:

Die Zahl für das Ego wird nach oben ins Kästchen gestellt. Umgekehrt kommt die entsprechende Zahl für den Schatten nach unten in die Klammern.

Für das Ego wird eine einstellige Zahl einfach nach oben genommen. In unserem Beispiel wird also die 4 nach oben gestellt, ergibt Ego **4**.

Eine zweistellige Zahl wird *für das Ego* addiert.
12 ergibt 1 + 2 = Ego **3** und wird nach oben gestellt.

Für den Schatten wird die einstellige Zahl nach unten genommen in die Klammern, ergibt Schatten **4**.

Eine zweistellige Zahl wird für die *Ermittlung des Schattens* voneinander abgezogen.

Beispiel: 12. Das Spannungsfeld zwischen 1 zu 2 ist der Schatten. Zwischen 1 zu 2 liegt rechnerisch eine 1. Also ergibt sich hier Schatten 1. Genauso würde die umgekehrte Zahl 21 Schatten 1 ergeben.

1 kommt nach unten in die Klammer.

61 ergibt 6 + 1 = Ego 7
61 ergibt 6 – 1 = Schatten 5

Damit können wir jetzt die Maske füllen:

3	4	7	Ego
12	4	61	G.-Datum
)1(	)4(	)5(	Schatten

Weitere Besonderheiten für zweistellige Zahlen:

Kommt eine *zweistellige Zahl* in der Addition für das Ego über 11 – wird das Ergebnis reduziert auf einstellig. Beispiel: 1968, die 1900 als Jahreszahl entfällt. (Auch die 2000 würde entfallen.)

Die 68 wird addiert 6 + 8 = 14, 1 + 4 = Ego **5**. Nach oben kommt **5** in die Maske.

Von 6 zu 8 ergibt sich das Spannungsfeld Schatten **2**. Die **2** kommt nach unten in den Schatten.

Steht *in einem Geburtsdatum* die Zahl 10, ist das passend zum Chakra Nr. 10 und wird nicht auf eine Stelle reduziert. Also kommt in diesem Fall für das Ego eine **10** nach oben in die Maske und für den Schatten eine **10** nach unten in die Klammern und wird nicht reduziert. Ergibt sich bei der Addition für das Ego die Zahl 10, wird diese nicht reduziert. 82 = 8 + 2 = Ego **10**.

Bei allen Doppelzahlen in einem Geburtsdatum wird anders vorgegangen; z. B. 22. Hier wird für das Ego eine starke 2 nach oben genommen. Für den Schatten wird bei der Doppelzahl eine tief gesunkene 2 unter das normale Niveau der Klammer gestellt.

Oder zur Doppelzahl 44 wird nach oben für das Ego eine starke 4 in die Maske gestellt und nach unten eine *tief gesunkene* 4 unter die Klammern gestellt

Beispiele für weitere Doppelzahlen:

55 = starkes Ego 5 und starker Schatten 5
77 = starkes Ego 7 und starker Schatten 7

Weiteres Rechenbeispiel:

Geburtsdatum **29. 11. 87**

Doppelzahl **11**

1 nach oben = starkes Ego 1
1 nach unten = tiefer Schatten 1

Mit der **29** entsteht

durch Addition 2 + 9 = 11 1 + 1 = Ego 2
durch Subtraktion 2 – 9 = Schatten 7

Mit der **87** entsteht

durch Addition 8 + 7 = 15 1 + 5 = Ego 6
durch Subtraktion 8 –7 = Schatten 1

Geburtsdatum transparent machen

Wir bleiben bei dem Geburtsdatum **12. 4. 61**.

	Handlung	Seinsform	Grund	
	3	4	7	Ego
	12	4	61	G.-Datum
	)1(	)4(	)5(	Schatten

Erklärung zu den Überschriften

Handlung – Seinsform – Grund

Handlung: *So mache ich das.*

Seinsform: *Das sind wichtige Entwicklungsfelder in meiner Persönlichkeit.*

Grund: *Mit dieser Grundausstattung mache ich meine Erfahrungen.*

Zur ersten Analyse können Sie ca. 10 Punkte verwenden:

1. Visuelle Betrachtung nach Besonderheiten

Die **Seinsform** hat das Thema – 4 Eigenliebe – zu erarbeiten.

In der Abt. **Grund** steht – Ego 7 – über den Lebensabläufen und erzeugt: *Träume statt Realität.*

Realitätsverlust ist wie ein großer Gegenspieler, welcher den Weg zur Eigenliebe „scheinbar" erschwert. In Wirklichkeit wird dadurch der Weg durch die Stolpersteine des Lebens beschleunigt.

Deshalb nehmen wir als nächstes die Zahlengruppe **Grund**.

2. Wir betrachten die Zahlengruppe *Grund*

Grund	Die beiden Chakren 6 + 1 sollen mit Erfahrung gefüllt werden.
7	
61	Hauptthema 6: *Macht und Überblick, mentale Klarheit*
)5(	Hauptthema 1: *Ich bewirke, ich lebe den inneren Mann.*

Schatten 5:
Ich lebe die Verantwortung für mich zu wenig. Ich habe viele Ängste. Ich versuche mich durch andere zu stützen.

Dieses Verhalten zu erlösen, ist eines meiner Lebensziele in Verbindung mit den Chakren **6 + 1**. Mehr Verantwortung für mich zu entwickeln. Auch dadurch meine großen Lebensängste zu reduzieren. Meinen Weg eigenverantwortlich zu gestalten und zu gehen.

Der Schatten ist, wie bereits gesagt, zunächst nicht aktiv. Die Eltern werden durch ihr Verhalten den Schatten aktivieren.

Der Schatten wird also von außen angeregt. Deshalb werden wir später – wenn wir dazu reif geworden sind – zuerst einmal den Schatten außen suchen.

Wir finden die Schatten in Geschehnissen oder Abläufen außerhalb von uns und dort in allem, was uns unbehaglich ist oder schmerzt.
Also: außen stört etwas, und innen tut es weh.

Irgendwann, wenn es lange genug unbehaglich war, suchen wir innen – in uns – mit der Frage: „Was bedeutet dieser brummende Vorgang in mir? Wo habe ich das schon einmal erlebt? Wie kann ich diese innere Not analysieren, besser verstehen?“

In vielen Fällen habe ich ein ähnliches Unbehagen in der Kindheit oder der Jugendzeit bereits erfahren.

Betrachten wir die Szene im Elternhaus.

Die Eltern leben ihr vorgesehenes Leben und geben damit dem Kind die große Chance, dass

- die Schatten*färbung*
  (durch die Eltern) aktiviert wird,
- sich daraus eine Ego*färbung*
  (die Schutzfunktion) bilden wird und
- der Mensch seine Lebens*erfahrungen*
  (in dem Spannungsfeld Ego : Schatten)
  wie vorgesehen machen kann!

Erfahrungsgemäß wird der erwachsen Gewordene die Eltern lange Zeit verantwortlich machen für die innere Not, die er erfahren musste.

Dann wird er versuchen, den Eltern zu verzeihen.
Wieder eine Zeit später wird der erwachsene Mensch verstehen, dass ihm die Eltern mit ihrer Lebensform ein breites Lernfeld ermöglicht haben.

Wenn nun ein weiterer Reifegrad erreicht worden ist, kann der Mensch erkennen, dass das erfahrene Leid in der Kindheit weitgehend seinem eigenen karmischen Erbe entspricht.

Ganz zum Ende dieser Entwicklung beginnt er den Hinweis zu verstehen:

- Ich bin für alles,
- was in der Kindheit und
- in meinem Leben geschieht,
- eigen-verantwortlich.

Also, die Eltern leben Schatten 5 vor.

Es geht bei Schatten 5 um Abhängigkeit vom Außen. Der Vater könnte in einem krisengeschüttelten Beruf tätig sein. Er hat dann Angst um seine Existenz, er ist abhängig vom Umfeld. Auch könnte sich die Mutter in dem gesellschaftlichen Milieu ihres Umfeldes zu unbedeutend fühlen. Es gibt viele Spannungen (Existenznot) zwischen den Eltern.
Mit ähnlichen Ängsten oder mit ähnlicher Schwingung wird das Wesen des Kindes durchströmt. Wahrscheinlich war das Kind bereits im Mutterbauch dieser Strömung ausgesetzt.

Irgendwann entwickelt das Kind gegen diese Dauerbelastung einen Schutz: *das Ego wird geboren.*

3. Wir untersuchen Ego 7

Ich bin komplett in Ordnung (ich bin nicht so, wie es mir meine Eltern vorleben), *ich werde nur das Gute leben* (ich werde nicht so sein wie meine Eltern).

Hier sind bereits Träume statt Realität in das Leben eingebaut. Der Selbstschutz ist aktiviert.

Weil nun Ego 7 in der Abteilung Grund steht, wird es die „Seinsform" und die „Handlung" mit überwachen.

Die mittlerweile entstandenen Egorichtlinien weiten sich mit zunehmendem Alter immer mehr zu dem starren Dogma aus: *„Ich bin komplett in Ordnung"*.

Kommt eine spirituelle Richtung in das Leben dieses Menschen, werden vielleicht die Egoformen dazu genommen: *„Ich bin doch angebunden nach oben. Ich stehe dauernd im (spirituellen) Licht."*

Bitte nehmen sie wahr, es geht hier um eine vom Ego erzeugte Eigendarstellung, nicht um eine echte spirituelle Entwicklung.

4. Datumsgruppe Grund und ihre Dynamik

Es ist jetzt leicht zu erkennen, wie das Ego den Schatten zudeckt:

Schatten **5** *<im Umfeld zu unbedeutend sein>* wird überlagert mit der Selbstdarstellung Ego 7 *<ich bin komplett in Ordnung>.*

Es geht weiter mit Schatten **5** in Verbindung mit Hauptthema **1** (aus der 61).

Schatten **5:** *Ich lebe die Verantwortung für mich zu wenig* – steht im Gegensatz zu – Hauptthema **1:** *Ich bewirke.*

Sie können erkennen, wie die „Kraft und Dynamik des Bewirkens“ als schlafendes Bewusstsein nach unten in den Keller gesunken ist.
Hier in der Wirkung zwischen **6 : 1** geht es um Abhängigkeit vom Umfeld. Denn das Spannungsfeld **6 : 1** kann nur erlöst werden über die **5**.

Bitte lesen Sie vorne im Buch hilfsweise Hauptthema **5**, dann können Sie erkennen, dass die **6 : 1** mit dem Umfeld zusammenhängt.

Nun werden auch die Möglichkeiten der beiden Chakren **6 + 1** sichtbar, etwas abgewandelt:

6. Chakra, 3. Auge = Macht und Überblick

1. Chakra = Macht und Terrainanspruch

Werden die aufgeführten Möglichkeiten negativ gelebt (z. B. in anderen Leben), braucht man natürlich dazu eine Bühne. Man wird das Umfeld beeinflussen wollen.

Damals, in der Rolle des Täters, hatte man die Fähigkeit, ungestüm mit dem Umfeld umzugehen.

Heute möchte die Seele dann eine Zeitlang die Rolle des Opfers annehmen. Dadurch kann die Psyche beide Bereiche (Täter und Opfer) erleben.

Beides ist gleichwertig. Nichts muss bewertet werden.

Das Lebensziel heißt hier, die eigenen mentalen Kräfte **6 + 1** wieder zu aktivieren und (dieses Mal) sinnvoll im Umfeld anwenden zu lernen.

5. Die Zahlengruppe in der Seinsform

Seins-form — Das 4. Chakra soll mit Erfahrung gefüllt werden.

4 — Hauptthema 4:

4 — *Ich liebe alles, was ich schaffe und geschaffen habe: das Positive, das Negative und die Dynamik meines Lebens.*

)4(

6. Wir untersuchen Schatten 4

Diese oben gemachte Aussage mit der Liebe für mich selbst stellt eine ausgesprochen große Herausforderung dar. Denn viele Entwicklungsrichtungen der Vergangenheit haben die Eigenliebe als schädlich für die Seelenentwicklung dargestellt.

Die Jahrhunderte dauernde Glaubens- und Gesellschaftsrichtung steckt noch in unserer Zellinformation. Wir wehren uns instinktiv gegen die Eigenliebe. Hinzu kommt, dass „zum Teil" noch alte Schwüre und Rituale subtil wirksam sind. Letztere haben sich immer gegen die Eigenliebe gestellt.

Schatten 4: *Ich liebe mich nicht, denn zuviel Unbehagen habe ich erzeugt (evtl. in anderen Leben). Mein Leben läuft so traurig. Ich bin immer das Opfer. Ich verdränge (mit der Arbeit) meine Bedürfnisse (Sexualität, streicheln).*

Die Zahl 4 mit dem Herzchakra stellt eine starke Verbindung zur Erde her. Natürlich haben wir hier in der Polarität die Möglichkeit, beide Seiten unseres Wesens zu leben und zu erfahren, die helle und die dunkle Seite.

Zum Erlösen des Schattens 4 brauchen wir wieder die lange verlorengegangene Weisheit:

Alles ist gleichwertig, das Dunkle und das Helle.

Solange unser Ego vor allem die dunkle Seite unseres Wesens noch nicht annehmen kann, wird es weiter auf der Flucht vor den Gefühlen sein, und der Schatten kann noch nicht erlöst werden.

Schatten 4 wird in der Kindheit aktiviert, durch eine Art Sprödigkeit seitens der Eltern gegenüber dem Partner und dem Kind.
Die Sprödigkeit oder Distanz zum Kind stellt einen Schlüssel dar zur fehlenden Eigenliebe.

Das Kind beschließt ein eigenes Konzept gegen die Sprödigkeit im Elternhaus: *Wenn ich viel arbeite, werde ich von den Eltern gebraucht, vielleicht geliebt.* Das Ego 4 entsteht.

7. Ego 4

Ich arbeite viel. Flucht vor Gefühlen und den damit verbundenen Wahrheiten.

Wir haben uns bestimmte Gefühle der Wärme, der Freude, der Erotik und der Liebe *für uns selber* verboten. Das bedeutet ein Stillhalte-Dogma gegen uns selbst.

In der neuen Zeit werden die festgefahrenen Dogmen verstärkt in Schwingung gebracht, damit sie sich lösen können.

Versuchen Sie zu ahnen, wie stark ihr Ego-Schutz vor den eigenen dunklen oder schweren Gefühls-Seiten noch ist. Die dunkle Seite war dasselbe, was die Eltern vorlebten: Sprödigkeit in Sachen Nähe und Hautkontakt.

Wie stark ist Ihre Selbstbestätigung durch viel Arbeit, Ego 4? Was kann durch das ständige, fleißige Arbeiten zugedeckt werden?

Was läuft in der Partnerschaft ein bisschen kompliziert? Was kann nicht wirklich gelebt werden? Als wie „gefährlich, wie unnötig" empfinden Sie die Nähe?

Es geht in der Seinsform mit ihren 3 x 4 um die Nähe zu mir selbst. Es geht um das Akzeptieren der Sprödigkeit mir selbst gegenüber.

Die Seele möchte wieder viele verlorene Gefühle leben können. Sie hätte gerne, dass die beteiligten inneren Abteilungen mit voller Kraft und Überzeugung sagen können:
Ich liebe alles, was ich schaffe und geschaffen habe: das Positive, das Negative und die Dynamik meines Lebens.

Das ist an dieser Stelle das Lebensziel!

8. Die Zahlengruppe in der Handlung

Handlung	Die Chakren 1 + 2 sollen mit Erfahrung gefüllt werden.
3	
12	Hauptthema 1: *Ich bewirke, ich lebe den inneren Mann.*
)1(	Hauptthema 2: *Ich gehe allem annehmend entgegen. Ich nehme meine Impulse an, ich lebe die innere Frau.*

Der Zusammenhang zwischen **1** <*ich bewirke*> und **2** <*ich nehme an*> braucht einen erklärenden Hinweis:

9. Wir untersuchen Schatten 1

Ich wirke aus dem Hintergrund oder aus dem Untergrund – subtiler Terrainanspruch. Ich verweigere den inneren Mann. Ich will mich als Urheber nicht erkennen lassen.

Der Schlüsselsatz ist hier: *Ich will mich als Urheber nicht erkennen lassen.*

Diese männliche Energie **1** existiert natürlich auch in jeder Frau. Das Versteckspiel um die Urheberschaft in der „Handlung" soll aufgelöst werden.

Wir sind ja für alles, was war – was ist – und sein wird, eigenverantwortlich. Also ist jeder auch der Urheber für seine Entwicklungsrichtung in diesem Leben. Aber das sich selbst einzugestehen, fällt lange Zeit schwer.

So wird auch der Anspruch auf persönliches Terrain zugedeckt. Denn der Benutzer eines Lebensraumes hat auch die Verantwortung für Worte, Handlungen und Gedanken, die in seinem Verantwortungsbereich von ihm ausgehen.

Terrain kann in Anspruch genommen werden: im Miteinander von Partnerschaft, Familie, Beruf. In spontanen Gesprächen mit Fremden, im Verkehrsgeschehen, beim Sport usw..

Wenn hier der Schatten **1** erlöst ist, kann Chakra **1 + 2** voll erblüht gelebt werden:

Ich bewirke **und** *ich nehme an.*

10. Ego 3

Wenn ich mich also als Verursacher im Schatten verbergen will, wird das Ego dies besonders deutlich an anderer Stelle leben:

Ego **3**: *Das steht mir alles zu. Ich verschaffe mir vordergründig Anerkennung.*

Wohlbemerkt sind wir in der Datumsgruppe Handlung. Die Ego-Färbung „falscher Anspruch" wird sich im Alltag lange ausbreiten müssen und immer wieder Konfrontationen auslösen.

Immer wieder kann durch die selbst-erzeugten Ungleichgewichte das Prinzip im **2.** Chakra geübt werden: *Ich lerne anzunehmen.*

Gleichzeitig kann das Chakra **1** mit ausreichend Erfahrung gefüllt werden: *Ich erkenne mich als Verursacher immer öfter.*

Hier üben innerer Mann und innere Frau ein Miteinander. Letztlich bildet sich dann aus **1 + 2** eine neue **3**: Das – *Ich Selbst* – ist stärker geworden als je zuvor.

Das ist in der „Handlung“ das Lebensziel.

Das Geschenk für die Erde, die Polarität

Die Polarität ist ein großes Geschenk auf diesem Planeten.

Wir verfügen dadurch in einer einmaligen Art über erlebbares Licht *und* erkennbaren Schatten.

Damit können wir die beiden Seiten unseres Wesens erfahren. Aber auch jede Handlung, jeder Gedanke erzeugt in der Polarität einen Gegeneffekt. Also wird alles, was wir sind, denken und tun, auf zwei Seiten sichtbar.

Das ist eine große Erleichterung auf dem Weg, uns selbst kennenzulernen.

Wir können auf diese Weise viel besser üben, unser Leben einzuschätzen.

Anfänglich betrachten wir das Polare als eine Belastung.

Das dunkle Gegenteil vom Licht will uns noch nicht gefallen. Das selbst gemachte „gute Bild" will noch erhalten bleiben.

Erst wenn die nächste Stufe der Liebe für uns selbst entsteht, können wir den Schatten auch begrüßen, statt ihn abzulehnen.

Drei Vorhänge auf den Lebensbühnen

Wir befinden uns in einer Zeit der schnell ansteigenden Schwingung. Höhere Schwingung bedeutet leichteres Erkennen. Leichteres Erkennen ergibt (ein bisschen später) mehr Zufriedenheit. Mehr Zufriedenheit erhöht wieder die Schwingung…

Obwohl, wie uns die geistige Welt sagt, das Karma ab dem Jahr 2003 – gegenüber anderen – erloschen ist, bleiben in mir selbst die sogenannten *Muster* und Verhaltensweisen noch weitgehend bestehen.

Diese Muster durch Selbsterkennen zu erlösen, ist dann noch notwendig. Die Angst vor der Selbsterkenntnis ist dabei völlig natürlich.

Am Anfang stellen wir uns immer wieder die erschreckende Frage: Wieso kann ich solche Verhaltensformen mitgebracht haben?

Diese erste Selbstbetrachtung führt dann zu einer dicken Schuldzuweisung an das Elternhaus: dort kommt es her! Auch das ist eine ganz natürliche Reaktion.

Wir brauchen die Erfahrung der Schuldzuweisung. Es ist die erste Form der Anerkennung, dass hier (für mich) großes Unbehagen „vorgespielt“ und erlebt wurde.

Es ist der Hinweis, dass ich bald bereit bin, den ersten Vorhang zu heben.

Vorhang Nr. 1

Ich beginne, *mein Verstecken* zu erkennen!

- ➢ Das wird mir vorgespielt!
- ➢ Will ich das wirklich sehen?
- ➢ Wie macht der andere das?

Der erste Vorhang wird damit gehoben. Bisher war an dieser Stelle noch gar kein Erkennen möglich.

Hier beginnt dann die – wahrscheinlich lange – Phase der Projektion. Ich kann endlich sehen, was da gespielt wurde oder wird.

Nun kann ich mich gründlich mit meinen Freunden austauschen und über die Ungerechtigkeit erzählen, die mir widerfahren ist. Ich werde das Erlebte in allen Facetten hin und her wenden und mich immer tiefer in das Thema hineinarbeiten.

Dadurch, dass ich die Projektion mit diesem Thema so lange laufen lasse, kann ich noch einmal alle Details genau sehen.

Das war Lernen. Das war das Füllen meines Lerntopfes. Obwohl das Ego der Meinung war, es hätte mich vor diesem Thema (durch Schuldzuweisung) geschützt.

Vorhang Nr. 2

Ich empfinde: *Das hat irgendwie mit mir zu tun!*

- Mache ich das (umgekehrt) genauso?

Durch das oben erwähnte Hin- und Her-wenden des Themas ist mir dieses nun sehr vertraut. Aber die Unbehaglichkeit ist trotzdem noch in mir. Also werde ich doch noch weiter suchen.

Es kommt zu dem oben erwähnten Abgleich: Mache ich das nicht genauso?

Nach kurzer Zeit werde ich erkennen: Ja, ich mache das ein bisschen anders, aber doch…

Natürlich kommt jetzt die Frage: Warum?

Wenn ich so weit in die Welt der Spiegel und der Vorhänge eingestiegen bin, kann ich den Anderen neu verstehen.

Ich beginne zu verstehen, warum der Andere diese Vorführung auf seiner eigenen Bühne spielen möchte. Er spielt etwas – er lebt es nicht wirklich –, denn sein Ego zwingt ihn zu der Aufführung.

Dann können nun in mir die beiden Fragen aufsteigen:

- Warum muss *er* das spielen?
- Warum muss *ich* das sehen (und spielen)?

Damit öffnet sich langsam der nächste Vorhang.

Vorhang Nr. 3

Es steigt in mir die Frage auf: ***Warum*** mache ich das?

Jetzt bin ich mir selbst näher gekommen.

Um das zu verstehen, ist ein Bild sehr hilfreich über den Platz, an dem ich *immer* stehe.

Ich bin *immer* der Mittelpunkt meiner Wahrnehmung. Damit bin ich immer der Mittelpunkt meiner Welt. Alles, was um mich herum ist, könnte Auswirkung auf mich haben.

Mit dieser Selbsterkenntnis komme ich noch mehr nach innen. Wenn ich immer der Mittelpunkt meiner Wahrnehmung bin, stehe ich auch in der Mitte meines (Er) Lebens. Und hier rückt nun die Verantwortung für mich selbst allmählich in mein Blickfeld.

Wenn also das oben Gesagte Realität ist, könnte ich das Verstecken vor mir selber eigentlich aufgeben.

Und die Frage: *Warum* tue ich das? beginnt sich zu beantworten.

Ich kann erkennen, dass ich mir in diesem Fall die eigene Liebe verweigere! Denn liebte ich mich selbst, würde ich mir so etwas nicht antun!

Das ist der Weg, der Inhalt des Weges. An diesen Punkt wollte ich kommen – *für alle Facetten meines Wesens eine Liebe zu entwickeln.*

In diesem Leben habe ich mir spezielle Aufgaben mitgebracht. Viele davon kann ich in den Bühnenbildern des Lebens erkennen.

Die Entwurzelung

Einige Wesenheiten haben sich verstärkte Lernaufgaben mitgebracht, z. B. eine Entwurzelung.

Der „normale“ Weg in ein Leben hinein kann zwar vielschichtig, aber doch leicht angelegt sein.

In diesem Fall würde dann eine angenehme Bindung in die Familie hinein stattfinden – zu Eltern, Großeltern, Geschwistern und in das Milieu der Familie. Eine sinnvolle Verankerung in das sich entfaltende Leben würde im Elternhaus gelegt werden.

Völlig anders erleben die Babys und Kleinkinder den Start, wenn eine „Entwurzelung“ geplant ist.

Wieder einmal möchte ich an dieser Stelle auf die gemeinsamen Absprachen vor einer Inkarnation zwischen den Seelen der Eltern und der Kinder hinweisen.

Zwar sind sich die Beteiligten auf der Erde dessen nicht mehr bewusst, und doch wurden gemeinsame Verabredungen für alle wichtigen Vorkommnisse getroffen.

Dabei können sich gleichermaßen die Eltern in den mitgebrachten Programmen erfahren, genau so wie die Kinder eine ziemlich präzise Starthilfe für ihr Leben bekommen.

Der bereitgestellte Mechanismus für eine Entwurzelung des Kindes ist so, dass sehr schwierige Spannungsfelder in der Familie herrschen.

Der entstehende Effekt ist vergleichbar mit einem Baum, der dem Wind des Lebens standhalten soll, aber für einige Richtungen nur wenige Verankerungen in der Erde hat.

Das Kind erhält nicht das Gefühl, in der Familie harmonisch angenommen zu sein. (Siehe die nachfolgenden Darstellungen im Einzelnen)

Noch einmal zurück zu dem Start in das Leben, bei dem an bestimmten Strukturen keine Wurzeln verankert werden können.

Wir haben in dem Geburtsdatum die drei Gruppen *Handlung, Seinsform, Grund.* Je nachdem in welchen Bereichen die Entwurzelung dargestellt wird, sind natürlich unterschiedliche Auswirkungen zu erwarten.

Die Entwurzelung zeigt sich in den Geburtsdaten als Doppelzahl.

Es gibt also in den Geburtsdaten eine Reihe von Doppelzahlen, bei denen kein Schatten auszurechnen ist.

Grund

1

11

) (

1

Bei Doppelzahlen gleicher Ziffern (11) liegen immer verstärkte destruktive Kräfte zugrunde.

Die damit verbundene Art des Schattens ist eine Stufe tiefer als üblich versenkt worden, sozusagen noch unter dem Kellerboden vergraben.

Natürlich brauchen solche Schatten eine größere, umfangreichere Bewusstseins-Arbeit, damit sie erlöst werden können.

Grund

9

63

)3(

Z. B. ist der Schatten einer 63 eine Verwurzelung, die Sicherheit und Gegengewicht zum Alltag ergibt.

Auch bei dem Entzug von Bewusstheit, die ja zunächst bei jedem Schatten fehlt, erzeugt ein solcher Schatten trotzdem bestätigende Erlebnisse in der Kindheit.

Wie schon erwähnt, werden die Schatten durch die Eltern aktiviert. Aber es können viele Variationen aufgespielt werden. Die hier dargelegten Färbungen stellen eine Auswahl dar.

11 = verstärkte *männliche Energie*

Die Erlebnisse in der Kindheit drehen sich um Macht und Ohnmacht. Diese werden über die Hackordnung in der Familie eingespielt. Dem Kind wird wenig Spielraum zur persönlichen Entfaltung gelassen.

Die angewandten Mittel sind dem Kind gegenüber zu grob.

Das Kind überdeckt die Erlebnisse teils mit einem Schleier oder mit einer eigenen, aggressiven Kraft. Diese Kraft wird später bei störenden Spiegeln gegenüber Menschen oder einer Sachlage angewandt.

Grund

1

11

) (

1

Für den Schatten wird die Zahl 1 nach unten gestellt. Das Ego wird hier nicht durch Addition errechnet, sondern eine Zahl nach oben genommen. Aus der 11 entsteht kraftvolles Ego **1** und besonders tiefer Schatten **1**.

Der scheinbar nicht vorhandene Schatten (die fehlende Verwurzelung in der Familie) bewirkt lange Zeit eine ziemliche Hilflosigkeit. Ein harmonischer Umgang mit den innewohnenden großen Kräften kann in der Kindheit nicht geübt werden. Die Wurzeln, die Erdung fehlt. Es kommt oft zu einer hilflosen oder überdrehten Verwendung im Umgang mit anderen. Aber auch dadurch entsteht der größere Lernumfang.

In allen Doppelzahlen steckt, wenn der persönliche Lerntopf gefüllt ist, eine große Fähigkeit.

Tiefer Schatten **1** lässt nicht zu, den normalen, harmonischen Platz in der Familie zu belegen. Dies wird von den Eltern oder einem Elternteil nicht gestattet.

Stattdessen wird ein versteckter, *subtiler Terrainanspruch* in das Kind eingebaut.

Beim Kind beginnt diese Machart zu wirken und vergrößert sich im Erwachsenenalter. Der große Terrain-Anspruch kann über Geld, Beruf oder Hackordnung ausgedrückt werden. Auch wird eine Streitbereitschaft vorliegen. Es gibt die laute und die leise Streitbereitschaft.

Bei der lauten Streitbereitschaft kommt es oft zu Diskussionen. Bei der leisen Streitbereitschaft steht eine Wolke von Überheblichkeit im Raum. Wird die leise Hackordnung längere Zeit abgestrahlt, kann sich der Partner abwenden.

Die 1 ist ja eine männliche Energie. Es fehlt in der Kindheit die Figur des warmen, gütigen Vaters. Diese übernimmt der Betroffene später, wenn es sich hier um einen Mann handelt. Eine Frau wird ihre Aggression gegen das männliche Prinzip erkennen und dies akzeptieren.

Sie verfügt dann über eine innere konstruktive, männliche Kraft und kann diese in der Partnerschaft oder im Beruf anwenden.

Hier noch der Hinweis zu Ego **1**: *Ich bestimme, wie der Spiegel im andern gefärbt sein soll* – ist eine Hauptrichtung im Umgang mit dem Umfeld.

Dagegen führt die Egofärbung **1**: *Ich impulse mich ununterbrochen nach vorne – aus dem Jetzt* – in eine große Fleißbereitschaft, sich selbst durch Leistung zu bestätigen.

22 = verstärkte *weibliche Energie*

Über lange Zeiträume irritiert die doppelte Energie. Der Mensch versucht, viel anzunehmen. Wie schon oben beschrieben, liegt eine große Irritation aus dem Elternhaus vor.

Die Person kann nicht wirklich aus dem Bauch heraus entscheiden.

So kommt es zum Abtasten aus Schatten **2**. Allerdings wird sich der Text umwandeln: *Ich versuche mich, ich kann aber die richtigen Gefühle nicht finden.*

2 22	Hier befindet sich der Lernvorgang in der Welt des weiblichen Prinzips, das Annehmen, Akzeptieren und die eigenen Impulse erkennen.
) (	Wenn es sich um einen Mann handelt, wird er sich verstärkt mit „Frau“ beschäftigen wollen.
— 2	Er möchte über den Spiegel, den Frauen ihm geben, die eigene innere Frau kennenlernen.

Eine Frau könnte die typisch weibliche Intuition lange Zeit suchen, bis sie sich selbst versteht.

33 = das verstärkte *Ich-bin-Ich*

Die Seele hat sich hier das breite Lernfeld im Bereich der Persönlichkeit verordnet. Dazu ist im Elternhaus die Persönlichkeit des Kindes einseitig gefördert worden, oder es wurden große Leistungen abverlangt. Auch eine übertriebene Form der familiären Selbstdarstellung kann das Programm gestartet haben.

Der Mechanismus, den das starke Ego **3** in Bewegung setzt, lautet: *Das steht mir alles zu. Ich verschaffe mir vordergründig Anerkennung.*

Der starke Schatten **3** stellt sich dazu: *Ich tue alles, um respektiert zu werden.*

In einer Serie von Überziehungen oder Hilflosigkeiten wird der Mensch die notwendigen Umgangsformen lernen. Mit mehr Bescheidenheit und mehr Verlässlichkeit auf sich selbst und das Umfeld entdeckt der Mensch wieder die verloren gegangene persönliche Kraft des *Ich-bin-Ich*.

44 = verstärkter Auftrag an die *Innerliche Herzensliebe*

Hauptthema 4: *Ich liebe alles, was ich geschaffen habe.* Wenn also in der Schattenwelt keine Wurzeln zu finden sind, geht es um fehlende Eigenliebe. Diese kann fehlen, wenn sexuelle Übergriffe stattgefunden haben. Oder die Eltern haben mit überzogenen Moralbegriffen auf die Psyche des Kindes Einfluss genommen.

Hier geht es im Hintergrund der Persönlichkeit weniger um die Erfahrung mit viel Arbeit (Ego 4), sondern mehr um eine natürliche Erdung. Der Umgang mit der persönlichen Moral und Ethik ist zu eng gefasst.

Es kommt zu subtilen Schuldzuweisungen nach außen, welche in der Rückkopplung die Autoaggression weiter verstärken. Oft erleben diese Menschen eine große innere Einsamkeit.

Sich selbst zu verzeihen, was man in der Kindheit erlebt hat, wird oft nicht einfach sein.

55 = verstärktes Bedürfnis nach *Ich in Allem*

Die Entwurzelung entsteht, wie wir wissen, immer in der Kindheit; z. B. durch zu wenig Herzens-Kontakt mit den Eltern. Eine bestimmte Form von Sprödigkeit wird zwischen Eltern und Kind gelebt. Eine mögliche Trennung der Eltern verstärkt den Effekt.

Der Umgang miteinander ist vielleicht aus dem Intellekt gelebt. Dem Kind fehlen Erfahrungswerte im Miteinander. Eine zusätzliche Möglichkeit entsteht, wenn in der Kindheit besonders viele Menschen im Elternhaus ein- und ausgehen und das Kind mit zu vielen Kontakten überflutet wird.

In der Mitte des Lebensweges will die Persönlichkeit unter allen Umständen ein harmonisches Umfeld. Sie wird das gesamte Umfeld dazu bringen wollen, die eigene Vorstellung von Harmonie zu leben.

Das oben genannte Hauptthema **5** – *Ich in Allem* – verführt zu kraftvollen Versuchen, das Umfeld zu bestimmen.

Gleichzeitig führt Ego **5**: *Ich bin niemandem Rechenschaft schuldig,* je nach Veranlagung, zu verschiedenen Besonderheiten, die den Kontakt zum Umfeld ebenfalls stören.

Im Endeffekt erfährt die Person wieder das Gleiche wie in der Kindheit. Die Bezugspersonen ziehen sich zurück.
Letzteres natürlich nicht auf Dauer. Das Bedürfnis der **5**, Kontakt zu haben, verfeinert sich und führt dann doch zur Harmonie.

66 = der Weg aus starker Irritation in *mentale Klarheit*

Macht und Überblick ohne Wurzel, ohne die richtigen Vorbilder. Der Sinn des Lebens kann nicht so recht gefunden werden.

Das ergibt am Anfang eine weniger gute Übersicht für sich selbst und vielleicht für andere. Ein zu unbekümmertes Verwenden dieser Kräfte (6 + 6) verführt zu Manipulation. Zuerst muss der Umgang mit Macht und Überblick in vielen Aspekten der Hilflosigkeit gelernt werden.

Die Schwäche aus Schatten **6** – *Mir sind die Hände gebunden* – wird kompensiert durch Ego **6** – *Ich sehe deine Fehler* –.

Daraus wird dann die arrogante innere Haltung gegenüber anderen.

Es ist nur eine Frage der Zeit, bis die fehlende mentale Klarheit vom Umfeld erkannt wird. Dann beginnen die Spiegel zum Selber-Erkennen heftiger zu werden.

77 = Aus der Welt der Illusion in die Welt einer natürlichen Einstellung: *Ich freue mich als Ausdruck Gottes*

Dieses Bewusstsein braucht in jedem Fall genügend Erdung, um (später) glücklich in der eigenen Haut zu werden.

Zunächst wird das Glücklichsein künstlich erzeugt. Hierzu sind zwei Richtungen denkbar:

A Die Abläufe im Elternhaus waren stark materie-gebunden. Die Eltern und Kinder mussten sehr viel arbeiten. Das Kind erzeugt eine heile Welt.

B Die Eltern hatten ein relativ sorgenfreies (wenig kreatives) Leben. Das Kind darf träumen.

Es geht hier um ganz reale Handhabung von Arbeit und Lebensfreude und Freude am Sein. Das Aufgeben von zu edlen Ansprüchen und nach außen gestellten falschen Werten ist das Ziel.

Schatten 7 – *Ich habe fast keine Schatten,* will sich nicht mit unsauberen, irdischen Themen auseinandersetzen. Das wird auch Ego 7 bestätigen – *Ich will nur das Gute leben und bewirken.* So kann die Person, mit den Flügeln des Egos versehen, leicht durch die Welt fliegen. Sie entwickelt für den eigenen Weg zu wenig Verantwortung.
Die Stolpersteine des Lebens werden die genau richtigen Wurzeln schaffen. Das Träumen macht immer mehr der Realität Platz.

88 = doppelt benötigte *Transformationsenergie*

Hier zeigen Ego und Schatten den Weg zum Erkennen der Übertreibung.

Aus dem Hauptthema **8** – *Ich bin auf allen Ebenen zu Hause, oben und unten* – bildet Ego **8** eine Art Suggestions-Programm. Die eigene Psyche ist damit unsichtbar durchdrungen: *„ICH bin auf allen Ebenen der Bessere."*

Weil dieser Anspruch viel zu groß ist und sich im Alltag ohne Störung nicht realisieren lässt, kommt oft die Erkenntnis durch: „Ich sitze fest."

Bei dem Prinzip der **88** geht es um die doppelte Erlösung von Selbstüberschätzung.

Schatten **8** gibt die kompromisslose Erklärung: *Ich bin zu starr und unbeweglich.*

Aber im Laufe der Zeit wird gerade deshalb ein selbstbewusster Charakter entstehen, weil dann die Kraft aus der Annahme von Gut und Böse, von bewusst und unbewusst, gekommen ist.

99 = *Alles ist erfüllt und bewusst vorhanden*

wird hier noch einmal auf den Amboss der Polarität gelegt und durchgeschmiedet.

In diesem Fall ist eine überempfindliche Rückkopplung auf das KÖNNEN und HANDELN des Umfeldes gegeben. So, als hätte man in der Kindheit eine Übermutter gehabt, der man es heute noch recht machen will.

Die Selbstsuggestion heißt: „Stimmt alles, wie es hier läuft"? Eine weitere Frage steht im Raum: „Ist hier am Übergang zur neuen Zeit (1999) eine Übererwartung an mich selbst wirksam?"

Wurde diese Übererwartung von den Eltern vorgelebt?

Schatten **9**: *Ich habe vergessen, dass ich die 9 zuerst Schritt für Schritt füllen muss und bin überheblich, ungeduldig.*

Ego 9: *Ich bin immer wieder souveräner als die andern* – macht es der Persönlichkeit schwer, gelassen zu bleiben. Aber auch diese Eigenschaft will der Besitzer einer 9 erarbeiten.

Die besondere Welt der eigenen Psyche

Das Volumen meiner Möglichkeiten wird sofort vergrößert, wenn ich Anteile meiner unbewussten Welt wieder geöffnet habe.

Schauen wir die unglaubliche Vielfalt an Bildern und Vorführungen des Lebens an, welche uns von Kind an zur Verfügung stehen.

Alles, was der Mensch erlebt, wird in der Psyche zunächst eingelagert. Während das geschieht, wird die Persönlichkeit immer wieder den bereits bekannten Abgleich vornehmen:

- ➢ Das will ich annehmen und bewusst beachten.
- ➢ Das will ich verschleiern und nicht sehen.

Mit diesen (bereits vorgeführten) Mechanismen wird sich die ganz individuelle Welt der eigenen Psyche erschließen. Vor allem bezogen auf dieses Leben.

Natürlich haben wir noch die sehr große Menge an Erfahrungen aus den anderen Leben. Die Größe unseres Wesens können wir als Mensch ganz und gar nicht verstehen.

Natürlich glauben wir auch nicht an die Vorteile, welche uns die Schattenwelt beschert.

Deshalb wird die eigene höhere Instanz einen Teil der zugedeckten Erlebnisse noch einmal vorführen, und zwar dann, wenn wichtige Lernschritte nachzuholen sind.

Also begegnen uns die mit dem Ego verschleierten Lernfelder noch mehrfach, wenn auch zwangsläufig.

Dieser gesamte Prozess wird zurzeit zunehmend durch Energie-Schübe aus dem Kosmos beschleunigt und Schritt für Schritt immer weiter angehoben.

Der Rahmen unserer inneren Freiheiten könnte sehr groß sein. Jedoch sind wir in aller Regel vom Start her immer einseitig, begrenzt, irritiert.

Das haben wir, verehrte Leser, so geplant.

Dies ist die Erde mit der im gesamten Universum einmaligen Möglichkeit, zu verformen, zu verprägen. – Um dann wieder alles zu durchschauen und zu sehen, zu erkennen, was wir mit der Binde über den Augen alles fabriziert haben.

Das hört sich so lapidar an, aber die Erde ist nach wie vor ein „Ausbildungsplanet". Wir können hier wesentlich schneller Selbsterfahrungen machen als auf anderen Ebenen.

Wir werden dann fortschreitend immer selbstbewusster sagen können: „Aha, so bin ich auch!" Je mehr der Einzelne das empfinden kann, desto weniger Formen seiner unangenehmen Seiten sind noch verborgen.

Unsere „andere" – die gesamte Persönlichkeit – wird Stück um Stück zum Vorschein kommen.

Der Mensch, der „immer lieb sein musste", verschwindet schließlich ganz. Er dient jetzt seiner eigenen Göttlichkeit mehr als vorher. Jedoch von innen heraus. Mit der Akzeptanz für das eigene Sein.

Gott in uns ist nicht hell oder dunkel – sondern beides. Gott ist alles.

Ich schreibe das, verehrte Leser, weil ich helfen möchte, eventuell festsitzende Programme aus der alten Zeit zu lösen.

Die eigenen Schatten und Fehler anzunehmen, ist immer etwas Großartiges, etwas Mutiges.

Noch einmal zurück zu dem Spiel in der Kindheit. *Alle* Irritationen, die ich als Kind erfahren habe, gehören zu meinem ganz persönlichen Weg.

Alles, was mir die Eltern zugemutet haben, haben sie mir gemäß der Absprache mit meiner Seele „zukommen" lassen.

Ja, es fällt schwer, das zu glauben. Aber in aller Regel besteht zwischen den Seelen der Eltern und denen der Kinder eine große, lange Liebe.

Wirkliche Feinde spielen solche Lebensspiele nicht mit uns, denn immerhin wird auch dadurch neues Karma erzeugt.

Die Versöhnung

In Band 1 zu diesem Buch steht im Vorspann der Text aus der geistigen Welt:

Es ist notwendig und wird mit Fortschreiten der Zeit
immer notwendiger,
dass jedes Individuum immer mehr lernt,
intensiv mit sich selbst umzugehen:
um sich selbst nach innen zu nehmen
und dann nach außen zu gehen.

Und weiter:

Dieser hat verinnerlicht
und weiß im Intellekt und im Gefühl,
dass er für sich das ***Eine und Alles*** ist.

Dieser Prozess zu uns selber ist logischerweise durch unsere alten Muster erschwert. Unsere Gesellschaftsformen haben sich immer rationaler zu dem männlichen Verhalten hin entwickelt.

Dadurch sind viele Teile der „inneren“ Frau nicht mehr gefühlt worden. Das gilt gleichermaßen für Männer wie für Frauen.

Die Frau musste sich natürlich auch emanzipieren, um aus der alten, dienenden Frauenrolle aussteigen zu können. Die dadurch gewonnene persönliche Freiheit von Frauen *und* Männern ist eines der Teilziele auf dem Entfaltungs-Weg der Menschheit.

Nachdem sich nun viele Menschen als persönlich frei erfahren dürfen, kommen wieder die vergessenen weiblichen Anteile zum Vorschein. Jetzt können Männer und Frauen zart, liebevoll und sanft sein, vor allem auch mit den Kindern.

Eine weitere Qualität ist die klare, kraftvolle, persönliche Stellungnahme, welche aus der Verantwortung für sich selbst entsteht und gerade deshalb viel Respekt für das Gegenüber ausdrückt.

Natürlich sind solche Verlagerungen aus der alten in die neue Welt nur in entsprechendem Milieu möglich. Das neue Milieu aber wächst automatisch aus den vielen Zusammenschlüssen Gleichgesinnter auf der gesamten Erde.

Wir haben also zu den persönlichen Mustern auch den ganz großen Rahmen – die innere Frau, das Weibliche – wieder ins Leben, in den Alltag, in die Gesellschaft zu integrieren.

Wenn wir nun die vielen, nicht nur im Buch angeregten Wege zu uns selbst sehen können, bleibt an dieser Stelle der große Hinweis auf die Versöhnung: unserer alten Struktur – mit unserer neuen Welt.

Und in der eigenen neuen Welt erwartet uns die große Beziehung zu uns selber.

Von hier aus geht die Verbindung zu ALLEM-WAS-IST. So wie es uns unser Schöpfergott mit seinen männlichen und weiblichen Aspekten vorgibt zu leben.

Alle Unbehaglichkeiten und alles Glück werden in der eigenen Verantwortung wiedergefunden. In der eigenen göttlichen Innenwelt.

Über den Autor

Hans Deubert, Lebensberater, wurde 1937 in Saarbrücken geboren. Mit 23 Jahren übernahm er den elterlichen Betrieb. Aus der Liniieranstalt formte er eine Druckerei mit hohem technischen Niveau, welche er 2000 verkaufte. Im Jahr 1984 begann seine Entwicklung in die ganzheitliche Richtung mit Erfahrung in sich selbst und vielen Seminaren. Mit Verkauf der Firma war der Weg endgültig frei, die eigene *Praxis für Lebensberatung* in Friedrichsthal, Saar zu eröffnen. Seit 1987 hat Hans Deubert über verschiedene Medien (bis heute) viele Gespräche mit der geistigen Welt geführt und sich auch dadurch weiterbilden können.

Zum Buch hält der Autor Vorträge und Seminare. Auf Anfrage gerne bei Ihnen. Info über:

Hans Deubert
Hasborner Straße 16
66636 Tholey/Bergweiler
Tel. (0 68 53) 8 54 04 81
Fax (0 68 53) 8 54 04 83
h.g.deubert@t-online.de

Lebenshilfe-Bücher
im Ch. Falk-Verlag

Lebensziele in Ihrem Geburtsdatum
Band 1 ISBN 978-3-89568-177-3
Band 2 - 978-3-89568-189-9

Das magische Kind in dir
ISBN 978-3-924161-05-4

Hände gut, alles gut
ISBN 978-3-89568-052-6

Meditation der Liebe
ISBN 978-3-89568-140-0

Briefe an dich von Lady Master Guinevere
ISBN 978-3-89568-176-9

El Morya – Herzens-Bildung
Band 1 ISBN 978-3-89568-146-2
Band 2 - 978-3-89568-179-0

Meister Hilarion beantwortet Lebensfragen
ISBN 978-3-89568-161-5

Der Aufstieg der Erde
in die fünfte Dimension – 2012
ISBN 978-3-89568-109-7

und Gott sagte, glaub' mir,
es ist alles ganz einfach
ISBN 978-3-89568-057-1

Meister Saint Germain
Das Tor zum goldenen Zeitalter
ISBN 978-3-89568-135-6

Meister Saint Germain
Die Schlüssel fürs Tor zum goldenen Zeitalter
ISBN 978-3-89568-177-6

Die Kunst, Menschen zu führen
ISBN 978-3-924161-68-2

Erzengel Raffael spricht
ISBN 978-3-89568-155-4

Fenster in die Zukunft
ISBN 978-3-89568-192-9

Marias Botschaft der Hoffnung
ISBN 978-3-89568-028-1